Christine Gisin-Buhlinger

Die Flucht und Auferstehung der Magdalena

novum pro

www.novumverlag.com

Bibliografische Information
der Deutschen Nationalbibliothek:

Die Deutsche Nationalbibliothek
verzeichnet diese Publikation in
der Deutschen Nationalbibliografie.
Detaillierte bibliografische Daten
sind im Internet über
http://www.d-nb.de abrufbar.

Alle Rechte der Verbreitung,
auch durch Film, Funk und Fernsehen,
fotomechanische Wiedergabe,
Tonträger, elektronische Datenträger
und auszugsweisen Nachdruck,
sind vorbehalten.

© 2020 novum Verlag

ISBN 978-3-99064-863-6
Lektorat: Susanne Schilp
Umschlagfoto:
Prakasit | Dreamstime.com
Umschlaggestaltung, Layout & Satz:
novum Verlag

Gedruckt in der Europäischen Union
auf umweltfreundlichem, chlor- und
säurefrei gebleichtem Papier.

www.novumverlag.com

Die Flucht und Auferstehung der Magdalena

30. 04. 2018: Seit acht Monaten lebte Magdalena nicht mehr im Kloster. Es war erschreckend, wie eine zweieinhalbmonatige Gehirnwäsche an Magdalena Narben hinterließ. Doch führten Magdalenas Feinde sie ja in ihr frühkindliches Trauma, um sie in eine Psychose zu drängen. Was mehrmals gelang, doch diesmal, in diesem Kloster, nicht.

Magdalena war eine psychisch sehr schwer kranke Frau, ihr Kampf gegen die Mächte der Finsternis hatte seine Spuren hinterlassen. Trotzdem musste Magdalena in dem Kloster, in dem sie Schutz suchte, schwer arbeiten.

Den ganzen großen Garten alleine jäten, das Gästehaus zweimal von unten bis oben putzen und dann noch alle Betten auswaschen. Zu den Gebetszeiten sollte Magdalena pünktlich erscheinen und später für Sr. Maria eine Extrastunde beten.

Magdalena war total überfordert, manchmal schlief sie während des Gebetes einfach ein.

Magdalena wollte eigentlich im Schutz dieses Klosters ein Buch schreiben und für die deutsche Küchenmeisterprüfung lernen. Da Magdalena wenig Schlaf brauchte, blieb ihr dafür nur noch die Nacht und teilweise das Wochenende.

Magdalena erinnerte sich, wie sie schon einmal den Schutz dieses Klosters erhofft hatte.

Da ging es Magdalena sehr schlecht, sie lief barfuß ganz achtsam im Schnee, um nicht den Verstand zu verlieren. Sr. Maria lächelte!

Einmal, als Magdalena nicht mehr wusste, wohin sie gehen sollte, fragte sie Sr. Maria um Obhut. Doch diese erwiderte: „Du kommst doch nur wegen des Geldes."

Magdalena hatte dann doch im Pilgrim übernachten dürfen, das war im April 2015. Daraufhin musste Magdalena das Kloster mit all Ihren Habseligkeiten verlassen. Magdalena durfte nichts im Kloster aufbewahren und so war ihr Auto randvoll beladen.

Salome hatte Magdalena dabei geholfen, ihr Auto zu beladen, weil Magdalena so verzweifelt war. Sr. Maria lächelte!

Magdalena kämpfte um ihre berufliche und menschliche Existenz, darum fuhr sie völlig erschöpft nach Stuttgart, wo sie die Ausbildung zur Berufs- und Arbeitspädagogin absolvierte und auch bestand.

Zuvor hatte Augustinus die Wohnung nun doch freigegeben und hinterließ eine Müllhalde. Magdalena schlief auf dem Boden ihrer eigenen Wohnung, bevor sie alles reinigte. Anfang April 2015 erklärte ein Umzugsunternehmen aus Frauenfeld sich bereit, Magdalenas Möbel, die noch auf dem Bauernhof waren, den sie überlebt hatte, zu ihrer Wohnung in die Schweiz zurückzubringen. Magdalena war für diesen Einsatz sehr dankbar.

Auch nahm der Vermieter die Kündigung des Mietvertrages, der seit 2010 bestand, die er wegen Augustinus' Verhalten ausgesprochen hatte, wieder zurück.

Was für Magdalena die größte Rettung war.

Das Umzugsunternehmen aus Frauenfeld setzte sich sehr für Magdalena ein, alles musste schnell gehen, damit der Zoll bei ihrer Ankunft nicht geschlossen war. Magdalena half beim Einräumen der Möbel vom Bauernhof in den Möbel

Alles ging gut, sogar Magdalenas Auto kam dank des Sohnes des Umzugsunternehmers aus Frauenfeld durch den Zoll.

Beim Einzug in ihre Wohnung war Magdalena einfach so erschöpft, dass sie nur noch das Bett machte und sofort einschlief.

Magdalena hatte nach langer Flucht wieder ein Zuhause. Doch da hatte sich Magdalena gründlich getäuscht!

Wir kommen jetzt erst einmal zum Anfang von der „Flucht der Magdalena".

Magdalena hatte eine schöne Drei-Zimmer-Wohnung, die sehr heimelig eingerichtet war, einen Job, der Magdalena gut gefiel, und zwischendurch kam Salome, Magdalenas Tochter, an den Wochenenden zu Besuch. Von den Nachbarn wurde Magdalena völlig in Ruhe gelassen. Eine heile Welt also!

Doch plötzlich, im Jahr 2013, wurde Magdalena auf Grund von Mobbing arbeitslos. Salome benahm sich plötzlich seltsam, es war für Magdalena so, als würde ihre eigene Tochter sie überprüfen.

Die Nachbarin, die im selben Stock wie Magdalena wohnte, klingelte zu Unzeiten an Magdalenas Haustür.

Einmal um fünf Uhr morgens, weil die Nachbarin von Magdalena zum Bahnhof gefahren werden wollte. Später läutete sie sogar um 21.30 Uhr wegen eines kleinen Problems.

Wenn Magdalena um 6.30 Uhr nach Fischingen zur Heiligen Messe fahren wollte, stand die Nachbarin plötzlich am Auto. Später wollte diese besagte Nachbarin noch mit zum Walken, weil sie so Angst vor Hunden hatte.

Beim Walking erzählte die Stockwerknachbarin, dass sie quasi täglich die Mutter Gottes sehe. Bei ihrer Arbeit, auf geistigen Wegen, Tiere wiederzufinden, die ihren Herrchen entlaufen waren.

Für Magdalena wurde die Sache immer unheimlicher, auch weil die Nachbarin jetzt auch noch anfing, mit Magdalena, über den Balkon hinweg, über ihre Geistarbeit zu sprechen. Magdalena fühlte sich von ihrer Nachbarin bedrängt.

Dazu kam, dass Magdalena plötzlich überall aus Versehen berührt wurde, sogar im völlig leeren Volg. Magdalena ging nur noch mit größter Vorsicht unter die Menschen.

Magdalena suchte Schutz in der katholischen Kirche ihres Wohnortes, die den ganzen Tag geöffnet hatte. Da konnte Magdalena für die Schule für Sozialbegleitung lernen und Leier spielen.

Doch plötzlich übte die Organistin der Gemeinde täglich ihre Stücke für den Gottesdienst. Auch Bettler kamen in die Kirche, um zu betteln.

So verlor Magdalena auch diesen, sonst einsamen Schutzort.

Von der UNIA bekam Magdalena drei Monate kein Arbeitslosengeld, weil sie angeblich für ihre Arbeitslosigkeit selbst verantwortlich war. Auf Grund ihrer Schüchternheit wurde Magdalena von ihrer RAV-Beraterin, Regionale Arbeitsvermittlung, als unvermittelbar erklärt.

Da versuchte Magdalena, selbst eine Stelle zu finden, über das Internet.

Hier gab es einen Gärtner, der Rückenprobleme hatte und Magdalena ohne Schutzmaßnahmen arbeiten ließ. In Wallenstein gab es ein Kloster, das von Magdalena verlangte, in stiller Führung die Küchenchefin auszubilden. In Appenzell musste Magdalena am Schnuppertag ohne Vorbereitung ein Menü für 30 Personen kochen. Dazu wurde noch gefragt, ob Magdalena das Currypulver selber herstellte.

Inge, die sich als Magdalenas Freundin bezeichnete, wollte, dass Magdalena, da sie ja Zeit hatte, für Inge ein Abschiedsmenü, vor ihrer Reise nach Bali, kochte.

Magdalena kochte für 25 Personen: Kürbissuppe, Nüsslisalat mit Ei, Schinken im Brotteig und eine Beerenterrine.

Dafür bekam Magdalena 350 Franken als Freundschaftslohn. Magdalena musste diesen Lohn dem Arbeitsamt melden und brauchte dazu Inges Unterschrift, doch es war schwer, diese von Inge zu bekommen.

Sonst bekam Magdalena aus der ganzen Schweiz nur Absagen.

Man hatte Bewerber gefunden, die besser zum gewünschten Arbeitsprofil passten. Einmal bekam Magdalena sogar eine Absage mit den Worten, die Passiven und Aktiven von Magdalenas Bewerbung ständen nicht im Gleichgewicht. Einmal wurde Magdalena sogar schriftlich beschimpft, weil sie sich für eine, für sich, geeignete Stelle beworben hatte. Magdalena wurde zu fast keinem Bewerbungsgespräch eingeladen.

Dies alles erzählte Magdalena Sr. Maria und Sr. Maria lächelte!

Magdalena brauchte dringend Geld und zunehmend fühlte sie sich in ihrer Wohnung nicht mehr sicher, das lag auch noch an den vielen Telefonaten, bei dem das Gegenüber einfach auflegte, wenn Magdalena das Telefon abnahm.

In der Schule für Sozialbegleitung fühlte Magdalena sich auch nicht mehr wohl, immer wollten die Studierenden etwas von ihr. Es war für Magdalena so, als würden alle Menschen wie mit einem Stausaugen an ihrer Seele saugen. Auch darum beendete Magdalena diese Schule.

Magdalena wollte von dem Haus für Frauen mit Behinderung eine einmalige Provision wegen außergewöhnlicher Leistungen, die sie nicht bekam.

Außerdem wollte Magdalena von dem Kloster, in dem sie fünf Jahre gratis gekocht und sogar ein Jahr gewohnt hatte, einen gerechten Lohn.

Wegen Ausnutzung einer Notlage seitens des Klosters Magdalena gegenüber. Magdalena bekam jedoch nur ein Kreuz zurück, was aber auch sehr schwer war.

Da schrieb Magdalena ihr erstes Buch, „Der Kampf der Magdalena". An Weihnachten 2013 war das Buch fertig geschrieben und der Novum Verlag wollte es veröffentlichen. Doch es brauchte ein Jahr Zeit, um das Buch zu bearbeiten.

Magdalena beschloss, sich mit dem Geld Rentenkasse von 192496,45 Franken, in Deutschland, selbstständig zu machen!

Magdalena meldete sich beim Berufsverband in Deutschland an, der Magdalena helfen sollte. Mit einem DEHOGA-Experten fand Magdalena ein geeignetes Projekt.

Aus lauter Angst, in ihrer eigenen Wohnung zu leben und um in der Nähe des besagten Objektes sein zu können, lebte Magdalena in einem Zelt auf einem Campingplatz in Schönau.

Salome hatte diesen Campingplatz für Magdalena ausgesucht.

Das war im Jahr 2014 während der WM. Als Magdalena und Salome in Schönau ankamen, fand dort ein Gemeindefest statt. Ein Chor sang „Ich will keine Schokolade, ich will lieber einen Mann". Das war Magdalenas und Salomes Lieblingslied und sie fühlten sich an diesem Ort willkommen geheißen.

Für das Restaurant, das Magdalena ausbauen wollte, hatte Magdalena selbst einen Budgetplan erarbeitet. Der Experte sollte nur noch Magdalenas Zahlen kontrollieren und das Budget für das Renovieren des Daches hinzufügen. Magdalena wusste nämlich nicht, wie viel dies in Deutschland kostete. Damit Magdalena einen Kredit bei der Bank beantragen konnte, brauchte Magdalena diese Information. Eigenkapital hatte sie durch die Rentenkasse ja genug.

Magdalena kam bis zur Chefetage der Bank. Doch der DEHOGA-Experte hatte einfach Magdalenas Zahlen übernommen und die Zahlen für das Renovieren des Daches ausgelassen. Natürlich hatte Magdalena nun keine Möglichkeit mehr, einen Kredit bei der Bank zu bekommen.

Magdalena fühlte sich von diesem Experten stark betrogen. Sie war verzweifelt!

Magdalena hielt sich nur noch in ihrer Wohnung auf, wenn sie wegen ihres Buches ins Internet musste. Auch suchte nach weiteren Objekten, mit denen sie sich selbstständig machen konnte. Und die Wäsche musste auch gewaschen werden.

Magdalena ging langsam das Geld aus, sie lebte nun nur von der Rentenkasse und musste sich so schnell als möglich selbständig machen.

Nach mehreren Anläufen in Todtmoos, in Menzenschwand, in St. Blasien sowie in Hinterzarten gab Magdalena fast auf.

Der beeinträchtigte Beamte der Bank in Menzenschwand gab Magdalena auch noch ihre Bankkarte nicht zurück und so kam Magdalena trotz Rentenkasse in finanzielle Not!

Magdalena holte auf ihrer Flucht Salome von ihrem Zuhause bei ihrem Vater ab und hatte immer Mühe, ein Hotelzimmer zu finden. Alleine bekam Magdalena nie ein Zimmer, nur wenn Salome dabei war. Dann gab es Internet, Schwimmbad und Kegelbahnen. Doch Magdalena durfte wegen Salome das Internet nicht benutzen.

Magdalena machte mit Salome Ausflüge. Zum Beispiel an den Schluchsee oder an den Titisee und Feldberg.

Am Titisee gab es einen Kletterpark, den Magdalena und Salome besuchten. Da schrie eine junge Frau immer ganz laut, wurde jedoch nicht von ihrem Seil runtergelassen. Magdalena und Salome verließen genervt den Park.

Magdalena war verzweifelt, niemand half ihr, egal wohin sie kam!

Magdalena war in großer Not, irgendeinen Ort zu finden, wo sie alleine sein konnte. Darum kaufte Magdalena Mitte August 2014 überstürzt einen völlig vergammelten Bauernhof für 25000 Euro, nahe Creglingen.

Am 28. Mai 2014 in Konstanz. Der Dozent hatte Magdalena davor gewarnt, ein Projekt ohne finanzielle Abklärung anzunehmen, doch Magdalena war ja so in Not. Auch sagte dieser Experte: „Schreibt eine Geschichte über eure Arbeit, die Menschen interessieren sich dafür."

Da liebte Magdalena plötzlich einen wildfremden Mann.

Da Magdalena den Kontakt zu Sr. Maria abgebrochen hatte, hoffte Magdalena, in diesem Kloster Hilfe zu bekommen. Magdalena brauchte einfach einen Menschen, um zu reden, sie war ja so einsam. Doch Hilfe seitens des Klosters wurde Magdalena nicht gewährt.

So verging die Zeit, Magdalena bekam als hochqualifizierte Köchin keine Stelle in der gesamten Schweiz, als bekennende Katholikin wurde sie in keinem Kloster in der Schweiz aufgenommen.

Nachdem Magdalena in Konstanz nicht aufgenommen worden war, versuchte sie es noch einmal in einem Kloster an der Donau. Doch auch da musste Magdalena im Zelt beim Klostergarten schlafen und sogar die Kapelle wurde wegen Magdalena geschlossen.

Endlich, Anfang 2014, durfte Magdalena in die Gastronomieschule nahe Stuttgart. Sie freute sich, den Mann wiederzusehen, den sie so liebte. Außerdem wünschte sich Magdalena seit ihrer Jugend, deutscher Küchenmeister zu werden.

Wieder fand Magdalena keine Unterkunft. Sie schlief sechseinhalb Wochen im Auto und für drei Wochen in dem völlig vergammelten Bauernhof, verborgen in einem Felsenkeller.

Doch auch in der Gastronomieschule half nur Magdalenas große Liebe ihr, die Schule zu bewältigen. Noch nie in ihrem Leben hatte ein Mann Magdalena so respektvoll behandelt und er ging geradezu liebevoll auf Magdalenas Wünsche ein.

Trotzdem brach Magdalena am 9. 12. 2014 mit einer Psychose zusammen und wurde unter Freiheitsentzug in die Psychiatrie eingewiesen. In der Psychiatrie ging es Magdalena sehr schlecht.

Magdalenas Buch „Der Kampf der Magdalena" wurde zu diesem Zeitpunkt gerade veröffentlicht!

Nach einiger Zeit holte Augustinus, Magdalenas Sohn, Magdalena von der Klinik nahe Stuttgart ab. Augustinus brachte Magdalena in ihre Wohnung, in die Schweiz, die er selber seit längerem bewohnte und für die Magdalena die Miete zahlte.

Ihre Wohnung war völlig verwahrlost und überall lag Müll herum.

Magdalena war sehr traurig!

Am nächsten Tag musste Magdalena in der Nacht aufs WC. Als sie wieder herauskam, stieß Magdalenas Sohn Magdalena im Dunkeln kräftig an die Wand.

Magdalena bekam panische Angst und schloss sich in ihrem Zimmer ein.

Den darauffolgenden Tag kam Salome zu Magdalena in die Wohnung und besorgte für Magdalena ein Hotelzimmer in Donaueschingen.

Magdalena wurde aus ihrer eigenen Wohnung geworfen. Da Magdalena auf Grund ihrer Erkrankung nicht mehr Auto fahren durfte, behielt Augustinus auch noch ihr Auto.

In Donaueschingen ging es Magdalena sehr gut. Die Hotelbesitzerin, die wusste, dass Magdalena sehr krank war, ging fast liebevoll mit Magdalena um. Ihr wurde das Essen ins Zimmer gebracht, einfach ein Salat oder eine Suppe, weil Magdalena den ganzen Tag nichts Weiteres essen konnte. Magdalena ging nur zum Frühstück ins Restaurant, wo sie so viel Kaffee bekam, wie sie wollte.

Die Hotelbesitzerin gab Magdalena Wegweisungen und so konnte Magdalena wieder zur Heiligen Messe gehen.

Sogar zum Frisör wurde Magdalena von der Hotelbesitzerin gefahren. Die Friseuse schritt Magdalena so schön die Haare, dass ihre Naturlocken zum Vorschein kamen, und sprach sehr respektvoll mit Magdalena.

Überhaupt wurde Magdalena in jedem Geschäft in Donaueschingen freundlich empfangen und jeder plauderte ein wenig mit Magdalena.

Als Magdalena einmal vergaß, die Rechnung bei der Tankstelle zu bezahlen, wartete die Tankstellenmitarbeiterin einfach, bis Magdalena wiederkam, um die offenstehende Rechnung begleichen zu können.

Ein Fahrschullehrer erklärte sich bereit, mit Magdalena Fahrstunden zu absolvieren, um Magdalenas Fahrtüchtigkeit zu prüfen. Sie war wieder fahrtüchtig und mit dem Medikament Risperdal durfte Magdalena auch Auto fahren.

Ein Versicherungsbeamter gab sich große Mühe, um Magdalena krankenzuversichern. Sie bekam eine Reiseversicherung, falls ihr nochmals etwas passieren sollte. Den Psychiatrieaufenthalt nahe Stuttgart musste Magdalena nämlich aus eigener Tasche bezahlen. Das waren 6569,28 Euro.

Zwei Taxifahrer erklärten sich bereit, bei hohem Schnee und Sturmgebrause Magdalenas Auto von ihrem Wohnort bis nach Donaueschingen zu bringen, da Augustinus nicht bereit war, Magdalena das Auto zurückzugeben.

Die Hotelbesitzerin erzählte Magdalena ein bisschen von ihrem Leben und Magdalena fühlte sich nicht mehr so krank. Es entstanden richtige Dialoge, für die Magdalena sehr dankbar war.

Mit all diesen Erfahrungen konnte Magdalena gesunden.

Doch irgendwann brauchte die Hotelbesitzerin Ferien. Magdalena musste sich eine neue Unterkunft suchen.

Magdalena schrieb Sr. Maria. Magdalena hatte diesem Kloster zwölf Jahre lang treu gedient. Machte Großeinkäufe oder ging beratend mit Sr. Maria einkaufen. Sie machte Fahrdienste und putzte das Gästehaus, daneben nahm Magdalena nur kurz an den offiziellen Gebeten teil. Meistens war Magdalena alleine in der Kirche.

Im Grunde war Sr. Maria verpflichtet, Magdalena zu helfen, trotzdem musste Magdalena sehr demütig um Hilfe bitten. Sr. Maria hatte die Angewohnheit, sich hinter ihren Schwestern oder der eifersüchtigen Psychologin zu verstecken, wenn sie etwas nicht wollte.

Magdalena wurde unter schwierigen Bedingungen im Kloster aufgenommen und wurde wieder schwer krank!

Trotzdem fuhr Magdalena wieder zur Gastronomieschule, um sich auf die Berufs- und Arbeitspädagogische Prüfung vorzubereiten.

Diesmal bekam Magdalena, dank des Schulleiters, eine Unterkunft!

Alle Dozenten gingen mit Magdalena sehr respektvoll um und auf ihre Bedürfnisse wurde speziell eingegangen. Selbst die Probeprüfung durfte Magdalena im geschützten Rahmen absolvieren. Dies alles gab Magdalena so viel Kraft, dass sie um ihre Wohnung kämpfen konnte, was ihr auch dann gelang.

Nur durch diese große Fürsorge bestand Magdalena am 13. 04.2015 die Berufs- und Arbeitsprüfung in Stuttgart!

Magdalena war nun eine Berufs- und Arbeitspädagogin!

Seit dem 06. 04. 2014 war Magdalena in Behandlung bei einem jungen, sehr ernsthaften Psychiater. Doch ihre Abschlussprüfung hatte Magdalena noch unter dem Einfluss von Rispertal absolviert. Magdalena hatte sich noch nicht getraut zu sagen, dass sie das Medikament nicht vertrug.

Doch als Magdalena dies ihrem Psychiater sagte, wurde das Medikament sofort geändert. Leider ging dieser ernsthafte Psychiater, der Magdalena nicht bevormundete, bald weg.

Magdalena wollte in die Kunsttherapie, was ihr auch gewährt wurde. Die Räumlichkeiten dieses Zentrums waren in der Nähe der Heiligenberges in Winterthur und Magdalena hatte oft Mühe, einen Parkplatz zu finden.

Magdalena gefiel es nicht in dieser Kunsttherapie, sie wurde von ihrer aus Thüringen stammenden und nun in Konstanz lebendenTherapeutin immer mehr erniedrigt.

Da beendete Magdalena ganz freundlich, fast liebevoll, diese Therapie.

Magdalena kam zur Oberärztin ihres früheren Psychiaters. Magdalena hatte Angst vor dieser sonst sehr sympathisch wirkenden Frau. Doch Magdalena hatte keine andere Wahl, sie glaubte inzwischen nicht mehr daran, dass sie von irgendeinem Psychiater behandelt werden würde. Außerdem brauchte Magdalena dringend ihr neues Medikament Lizium.

In Magdalenas Wohnort hörten die Aus-Versehen-Berührungen nicht auf, darum ging Magdalena schutzsuchend ins Klösterle.

Doch die eifersüchtige Psychologin klopfte bis zu zehn Mal an Magdalenas Zimmertür, um zu fragen, ob Magdalena etwas brauchte. Doch Magdalena brauchte einfach nur Schlaf.

Im August 2015 fing Salome ihre Ausbildung als Restaurantfachfrau an. Als Sekundarschülerin mit Niveau A war dies, schulisch gesehen, unter Salomes Niveau. Doch dies war ihr Traumberuf und Magdalena ermutigte ihre Tochter, ihren Traum zu leben.

Plötzlich, Anfang September 2015, bekam Magdalena inmitten der Nacht einen Anruf von Salome. Sie hatte ihre Koffer gepackt und war heimlich ihrem Vater entlaufen. Salome wurde von einer Arbeitskollegin abgeholt, wo Salome auch schlafen durfte.

Magdalenas Tochter fragte, ob sie nun bei Magdalena leben durfte, und sie durfte. Magdalena ging schwer krank wieder vom Klösterle nach Hause.

Zu diesem Zeitpunkt hatte Magdalena 25000 Euro auf ihrem Sparkassenkonto in Deutschland, wofür Magdalena eine Bankkarte hatte. Damit musste Magdalena sich und ihre Tochter versorgen.

Magdalena war verzweifelt!

Magdalenas Psychiater hatte sie bei einer Versicherung angemeldet, die beeinträchtigten Menschen, die arbeitsunfähig waren, eine Rente auszahlten. Doch dies musste zuerst von der Rentenkasse überprüft werden.

Magdalena ging zum Sozialamt ihres Wohnortes um zur Überbrückung Sozialhilfe in Anspruch zu nehmen. Der Sozialarbeiter namens Rippli erklärte Magdalena, dass sie erst ab einem Vermögen von 4000 Franken einen Anspruch auf eine Unterstützung durch das Sozialamt habe. Außerdem musste Magdalena ihre Tochter bei dem Wohnort anmelden, in dem sie selber wohnt.

Dazu musste Magdalena ihre Tochter in Winterthur abmelden. Magdalena rief beim Einwohnermeldeamt an, um ihre Tochter erst einmal abzumelden. Doch die Frau am Telefon sagte zweimal sehr bestimmt: „Sie sind nicht die Mutter von Salome."

Magdalena war schockiert und auch verzweifelt, wie konnte sie nur beweisen, dass sie Salomes Mutter war? Das Standesamt Winterthur half.

Das Sozialamt wollte auch, dass Magdalena die Alimente, die ihr vom Vater her zustanden, einholte. Da Magdalena Angst vor ihrem Exmann hatte, half ihr eine Frau, die dafür ausgebildet war. Dies dauerte drei Monate.

Ab April 2016 bekam Magdalena dann endlich Sozialhilfe, mit einem Restvermögen von 2500 Euro.

Von da an musste Magdalena ihre Tochter, die ihren Ausbildungsplatz in Winterthur hatte, nachts um halb zwei am Bahnhof in Winterthur abholen. Da Salome nach ihrer Arbeit ständig den Zug verpasste.

Daraufhin musste Magdalena ihrer Tochter etwas Warmes kochen, weil sie den ganzen Tag nichts gegessen hatte. Morgens verschlief Salome regelmäßig und Magdalena musste dann jeweils ihre Tochter mit dem Auto nach Räterschen fahren, um den Zug zu überholen.

Magdalena wollte mit Salomes Ausbilder reden, doch Salome verbot dies und Magdalena war zu schwach, um sich durchzusetzen.

Bei all dem Trubel musste Magdalena am 24.11.2015 ihren Bauernhof bei Creglingen an die Gemeinden verschenken. Man hatte Magdalena große Auflagen gemacht, die Magdalena nicht bewältigen konnte. Ausserdem kaufte niemand den Bauernhof.

Am 25. 11. 2015 starb Magdalenas Mutter. Sie wurde eingeäschert und unter falschem Namen in ein Armengrab gelegt. Dabei gab es ein Familiengrab!

Magdalena fuhr völlig erschöpft zur Beerdigung ihrer Mutter und keines ihrer Familienmitglieder sprach mit Magdalena. Eine Horrorbeerdigung also!

Trotz allem wurde Magdalena immer stabiler. Mitte 2016 durfte Magdalena den langsamen, stufenweisen Eintritt in das Berufsleben wagen. Dazu wurde Magdalena von einer Fachfrau der Versicherung für beeinträchtigte Menschen und einer Psychologin, die unabhängig voneinander arbeiten sollten, betreut.

Doch bei einem gemeinsamen Gespräch, im Beisein Magdalenas, tauschten diese zwei Frauen private Gespräche aus. Ausserdem lachten sie immer, wenn Magdalena etwas sagte, und taten so, als habe Magdalena noch nie in ihrem Leben etwas geleistet.

Nach langem Suchen fand sich ein Ausflugsrestaurant, in der Nähe des Straßenverkehrsamtes in Winterthur, das Magdalena, langsam, stressfrei und stufenweise in das Berufsleben hinein begleiten sollte.

Es wurde ein Schnuppertag vereinbart. An diesem Schnuppertag wurde Magdalena hierhin und dorthin geschickt. Eine Auszubildende im ersten Ausbildungstag beurteilte Magdalenas Arbeit. Und von den hygienischen Verhältnissen dieses Restaurant wurde Magdalena ganz schlecht.

Doch Magdalena hielt bis zum Abend durch, danach sprach der Küchenchef mit Magdalena. Magdalena sei zu sozial, um Karotten zu schälen.

Danach erbrach sich Magdalena unkontrolliert eine halbe Woche lang! Und merkte nicht, dass dabei ihre Medikamente nicht mehr wirkten.

Plötzlich eines Morgens kam Salome ganz hektisch zu ihrer Mutter. „Ich habe den Zug nach Zürich zur Berufsschule verpasst. Bitte fahre mich. Wenn ich zu spät komme, tötet mich mein Ausbilder."

Magdalena, die sonst nie mit dem Auto nach Zürich fuhr, überlegte gar nicht lange und fuhr ihre Tochter nach Zürich. In Zürich machte Magdalena einen Unfall, nur die Seitenspiegel hatten sich berührt und Magdalena wusste nicht, ob sie schuld daran gewesen war.

Da Salome nun doch zu spät zur Berufsschule kam, wollte sie mit einer Kollegin in Zürich shoppen gehen. Magdalena parkte ihr Auto und ließ ihre Tochter aussteigen.

Magdalena war fix und fertig, so konnte sie auf keinen Fall Auto fahren. Also entschloss sie sich, ein wenig spazieren zu gehen, um sich zu beruhigen. Ein Presslufthammer sollte Magdalena als Anhaltspunkt dienen, damit sie ihr Auto wiederfand. Doch Magdalena fand ihr Auto nicht mehr.

Sie rief zwei Mal ihre Tochter mit dem Handy an, um Hilfe zu erbitten. Doch Salome war genervt, schließlich war sie mit ihrer Kollegin shoppen.

Magdalena lief durch die heiße Stadt Zürich, die vielen Menschen, der Lärm, und überall Presslufthammer, machten Magdalena verrückt. So irrte Magdalena ziellos durch die Gegend und war völlig verwirrt.

Als Magdalena an einer Tramstation mit einem Pfleger sprach, kam die Polizei. Und Frau Ruther mit ihrem Kollegen, setzten Magdalena mit der Bemerkung, sie müsse am nächsten Tag ihre Psychiaterin anrufen, in ein Taxi. Magdalena war dankbar, dass ihr endlich jemand half und wurde dann mit dem Taxi nach Hause gefahren.

Als Magdalena um drei Uhr nachts nach Hause kam, schlief Salome vor dem Fernseher. Magdalena legte sich schlafen!

Am nächsten Tag wachte Magdalena auf, ihre Tochter war nicht mehr zu Hause. Magdalena wusste nicht, wie viel Uhr es war und war noch immer sehr verwirrt. Der Schlaf hatte keine Linderung gebracht. Magdalena wusste nur eins, sie musste ihre Psychiaterin anrufen. Doch das Festnetz funktionierte nicht mehr, der Akku des Handys war leer und Magdalena fand das Auflade-Gerät nicht. Magdalena hatte kein Geld mehr und so konnte sie sich auch keine Telefonkarte kaufen. Um sich abzulenken, wollte Magdalena fernsehen, doch auch der funkzonierte nicht mehr.

Magdalena legte sich ins Bett, um ihr Gehirn zu beruhigen, doch da kam ihr der Impuls, sie müsse unbedingt mit Salomes Ausbilder sprechen.

Magdalena ging in Hausschuhen und mit Fahrzeugschein und Autoschlüssel zwölf Kilometer zu Fuss an Salomes Ausbildungsplatz, der den Namen eines großen Vogels trug. Als Magdalena dort durstig und erschöpft ankam, lachten viele Menschen um Magdalena herum, und verließen dann gleichzeitig den Raum.

Die Chefin der Restaurantleitung kam auf Magdalena zu und Magdalena konnte nur noch sagen, dass sie den Ausbilder sprechen wolle. Zu diesem Zeitpunkt nahm Magdalena ihre Umgebung kaum mehr wahr.

Die Chefin nahm Magdalena am linken Arm und führte sie weg. Da kamen sie an einer offen stehenden Gastroküche vorbei und Magdalena sagte entsetzt: „In diesem Saustall habt ihr mir einmal ein Menü gekocht."

Ein Koch sprang aus einem Glas- Raum und packte Magdalena am rechten Arm. So wurde Magdalena eine Treppe hinuntergeführt. Unten angekommen, sah Magdalena, umringt von vielen Menschen, Anna. Eine Frau, vor der Magdalena sich ekelte, und Magdalena schrie ganz laut deren Namen.

Ehe sie sich versah, wurde Magdalena von dem Koch so heftig aus dem Restaurant geworfen, dass sie mit dem Kopf auf dem harten Boden aufschlug.

Magdalena sagte noch zu dem Koch, jetzt müsse er den Krankenwagen rufen, doch der lachte nur und sagte, dies sei doch nicht so schlimm gewesen. Danach verlor Magdalena vermutlich das Bewusstsein.

Als Magdalena wieder zu sich kam, pulsierte ihr Kopf und irgendwie schleppte sie sich an die gegenüberliegende Bushaltestelle. Magdalena hoffte, dass ihr jemand helfen würde, doch nichts geschah.

Da hatte Magdalena den Impuls, sie müsse zur Polizei gehen, um eine Anzeige zu machen. Ein Mann und eine Frau gaben, auf dem Weg zur Polizei, Magdalena Cola zum Trinken und begleiteten sie zur Polizei.

Bei der Polizei wurde Magdalena lange verhört und dann kam eine Psychiaterin und verhörte Magdalena ebenfalls. Da verlor Magdalena ganz die Kontrolle über ihren Verstand. Daraufhin wurde Magdalena wie eine Schwerverbrecherin in die Psychiatrie eingeliefert. Magdalena fand sich in der Isolation einer geschlossenen Station wieder.

Magdalena wusste nicht, was geschehen war, und wollte später mit ihrer farbigen und dafür zuständigen Psychiaterin sprechen. Doch sie bekam immer wieder die Antwort: „Jetzt nicht Magdalena, jetzt nicht."

Magdalena bekam unsinnig viele Medikamente und ihre Bezugsperson wendete militärischen Triel an. Zum Glück gab es auch andere Psychiater, Pfleger und Therapeuten, die Magdalena wohlgesinnt waren. So konnte Magdalena sich immer wieder beruhigen.

Schließlich wurde Magdalena in die Psychiatrie nach Rheinau verlegt!

Dort empfing man Magdalena sehr freundlich. Sie bekam ein Einzelzimmer und ihr wurde die Station gezeigt und die Regeln des Hauses erklärt. Magdalenas zuständiger Psychiater besprach mit ihr die Medikamente, die sie nehmen sollte. Es waren Lizium und Sycrest.

Magdalena durfte sich ihre Therapien selber aussuchen und ihre Bezugsperson war immer für sie da. So konnte Magdalena gesunden, es wurde noch vorgeschlagen, dass Magdalena in die etwas offenere Abteilung gehen könnte, um auch sicher stabil zu bleiben. Doch Magdalena brauchte ihre Privatsphäre und ging nach Hause.

Zu Hause angekommen, hatte es sich Augustinus, Magdalenas Sohn, gemütlich gemacht. Sein Computer stand in Magdalenas Schlafzimmer und er schlief in Magdalenas Bett. Magdalena schlief auf dem Sofa ihres Wohnzimmers. Magdalena nahm an, ihr Sohn würde bald ihre Wohnung verlassen, er hatte ja eine Wohnung in Pfaffnau.

Doch da hatte Magdalena sich getäuscht. Er machte erst einmal Magdalenas Zimmer frei, damit sie in ihrem eigenen Bett schlafen durfte. Von nun an schlief er in Salomes Zimmer, die an Weihnachten 2016 ausgezogen war. Danach kündigte Augustinus seine Arbeitsstelle und seine Wohnung wurde zwangsversteigert.

Nun lebte Augustinus bei seiner Mutter!

Magdalena dachte nicht viel darüber nach. Sie musste das Chaos in ihrer Wohnung beseitigen, das ihre Kinder während Magdalenas Abwesenheit angerichtet hatten. Dies dauerte insgesamt drei Monate.

Unterdessen blieb Augustinus meistens in seinem Zimmer. Hin und wieder kam er heraus und sagte: „Mama, ich habe Hunger", und Magdalena kochte, ohne zu zögern, für ihren Sohn.

Unterdessen rief Sr. Maria immer öfters bei Magdalena an, mit der Bitte, Magdalena solle doch wieder ins Klösterli kommen, um zu beten.

Salome wollte auch ständig die Hilfe ihrer Mutter, obwohl sie ja wegen Magdalena ausgezogen war. Magdalena musste zum Beispiel, völlig erschöpft, bei ihrer ungeduldigen Tochter einen Kleiderschrank aufbauen.

Die Berührungen aus Versehen wurden immer stärker. Magdalena wurde auf einsamen Straßen von hinten heftig angerempelt oder von beiden Seiten gleichzeitig bedrängt. Dazu kamen die Handy-Menschen, die laut telefonierend hinter Magdalena herliefen. Und die vielen Bettler, die Magdalena von hinten überraschten und fragten: „Hast du Kleingeld bei dir, kaufst du mir eine Fahrkarte, bekomme ich eine Flasche Wein?" Ja, Magdalena konnte sich nicht einmal ein Schaufenster anschauen, ohne angesprochen zu werden.

Magdalena getraute sich fast nicht mehr aus dem Haus. Doch auch in ihrer Wohnung fühlte sich Magdalena nicht sicher, wurde sie doch von ihren Nachbarn schwer angegriffen. Die etwa fünfzigminütige Reisezeit von Magdalenas Wohnung bis zu ihrer Psychiaterin wurde zu einem richtigen Spießrutenlauf.

Plötzlich fing Augustinus an, unerwartet aus seinem Zimmer zu stürmen, um Magdalena zu beschimpfen. Zum Beispiel: „Du trinkst deine acht Kaffee am Tag und sonst tust du gar nichts." Magdalena verstand ihren Sohn einfach nicht.

Eines Nachts, als Magdalena im Dunkeln vom Rauchen auf dem Balkon zurückkam, stieß Augustinus seine Mutter so heftig an den Esstisch, das diese heftig stürzte. Dazu schimpfte er ganz laut, trotzdem verstand Magdalena kein Wort. Nachdem er die große Ostervase aus Glas umgeworfen hatte, verschwand er in seinem Zimmer. Magdalena wischte die Scherben auf und wusste: Nun müsste sie ganz ruhig bleiben!

Augustinus kam wieder aus dem Zimmer gerannt und sagte: „Ich ziehe morgen aus, bevor die Polizei kommt." Und Magdalena wunderte sich tatsächlich, dass ihre Nachbarn diesmal nicht die Polizei wegen Lärmbelästigung angerufen hatten.

Am nächsten Morgen wollte Augustinus dann doch nicht ausziehen, doch Magdalena blieb hart und Augustinus fuhr mit dem Auto seiner Mutter weg.

Magdalena entsorgte sofort die Matratze ihres Sohnes, die sie für ihn im Brockenhaus gekauft hatte. Am nächsten Tag standen plötzlich Augustinus und Salome in Magdalenas Wohnung und beschimpften Magdalena, was sie für eine böse Mutter sie sei, und wollten, dass Augustinus wieder einziehen durfte. Magdalena schloss sich voller Angst in ihr Zimmer ein, bis ihre Kinder die Wohnung verließen. Magdalena war Anfang Januar von der Klinik zurückgekommen und Mitte März zog Augustinus aus.

Endlich kam unerwartet die Verfügung der Versicherung, die arbeitsunfähigen beeinträchtigten Menschen eine Rente auszahlte. Und Magdalena hatte Anspruch auf eine Rente. Somit war ihre Wohnungsmiete gesichert. Magdalena musste mit den Rückzahlungen, die sie bekam, weil ihr eine Rente seit März 2016 zustand, viele Rechnungen bezahlen. Zum Beispiel 1250 Franken, weil sie ihr Auto in Zürich stehen ließ. Das meiste Geld bekam jedoch das Sozialamt, um die Überbrückung auszugleichen.

Magdalena war das nur recht!

Magdalena hatte nun 610 Franken für Nahrungsmittel und Telefonie zur Verfügung. Darum musste Magdalena bei einer anderen Versicherung für beeinträchtigte Personen Zusatzleistungen beantragen. Magdalena brauchte dringend Geld, um ihre Krankenkasse und Gesundheitskosten zu bezahlen zu können. Und Magdalena schickte sofort die gewünschten Unterlagen fort.

Als Magdalena nach einem Monat bei ihrer zuständigen Beamtin, Frau Besufy, anrief, um zu fragen, warum nichts geschehe, antwortet diese: „Ich habe keine Unterlagen bekommen." Von da an schickte Magdalena die gewünschten Unterlagen per Einschreiben.

Augustinus kam jeden Tag mit dem Haustürschlüssel in Magdalenas Wohnung, um zu duschen, Kleider zu waschen und dabei seine Mutter zu beschimpfen. Magdalena musste diesen jungen Mann los werden. Doch wie konnte sie dies so friedlich wie möglich machen?

Magdalena entschied sich für eine Reise, damit Augustinus nach anderen Möglichkeiten suchen musste. Dazu brauchte Magdalena die Wohnungsschlüssel ihrer Kinder. Doch trotz allergrößter Bemühungen gaben sie die Schlüssel nicht heraus, und Magdalena musste das Schloss zu ihrer Wohnung wechseln. Dies kostete Magdalena 200 Franken.

Sr. Maria wollte, dass Magdalena sich auf den Jakobsweg machte. Nicht für sich, sondern für Sr. Maria. Sr. Maria war 76 Jahre alt und klagte über zahlreiche gesundheitliche Probleme. Darunter eine Herzmuskelerkrankung. Außerdem hatte Sr. Maria ein besonderes Gebetsanliegen.

Da Magdalena große Angst hatte, gab sie Sr. Maria ihren neuen Wohnungsschlüssel und alle wichtigen Adressen, falls Magdalena etwas zustoßen sollte.

So abgesichert, ging Magdalena auf den Jakobsweg, mit Ziel Bruder Klaus!

Magdalena fühlte sich auf diesem Weg immer besser. Sie traf Pilger, die sehr nett waren, und die Natur der Schweizer Berge tat Magdalena besonders gut. Magdalena lief von ihrem Dorf in 13 Tagen, auf Wunsch von Sr. Maria, bis nach Freiburg. Magdalena erholte sich nach fünf Tagen im Kloster und fuhr mit dem Zug nach Hause.

Zu Hause angekommen, lag Augustinus auf dem Sofa, er hatte die Wohnungstür mitsamt dem Rahmen eingedrückt.

Magdalena rief einfach ganz ruhig den Schlüsseldienst an. Dies kostete Magdalena wieder 200 Franken. Daraufhin verließ Augustinus ohne Worte die Wohnung und fuhr mit Magdalenas Auto fort.

Da Magdalenas Wohnung nun nicht mehr sicher war, kopierte sie alle Unterlagen für die Zusatzleistungen und brachte sie zur Sicherheit ihrem Sozialarbeiter des Vertrauens.

Weil Magdalena sich in ihrer Wohnung und in ihrem Dorf nicht sicher fühlte, fuhr sie wieder zum Klösterle.

Sr. Maria hatte Magdalena ihren Schutz angeboten. Sie sollte in Ruhe ihr Buch schreiben können und für die Küchenmeisterprüfung lernen dürfen.

Doch Magdalena gefiel es gar nicht im Kloster, sie musste enorm viel arbeiten und für Sr. Maria war immer alles sehr wichtig und dringend. Magdalena wurde immer misstrauischer. Zum Beispiel als sie sagte, sie sei die bessere Psychiaterin, die verschreiben doch nur Medikamente. Obwohl Magdalena immer wieder nach Hause wollte, ließ Sr. Maria Magdalena sie nicht gehen.

Als die Situation dann doch zu gefährlich für Magdalena wurde, verließ Magdalena mit einer Ausrede fluchtartig das Kloster.

Die Nachbarn in Magdalenas Block, die sie so bedrängt hatten, waren ausgezogen. Und auf den Straßen wurde Magdalena nicht mehr angerempelt, sondern freundlich gegrüßt.

Magdalena hatte keine Ahnung, warum dies plötzlich geschah, sie stand unter dem Schock des Klosters.

Zwei Tage nach der Rückkehr vom Kloster meldete sich Frau Besufy mit einer Wartefrist von zwei Monaten. Magdalena sollte die schon einmal eingereichten Unterlagen zur Versicherung schicken.

Doch als Magdalena die gewünschten Unterlagen suchte, waren sie nicht mehr da. Zum Glück hatte Magdalena alle Kopien bei ihrem Sozialarbeiter des Vertrauens deponiert, der sie ihr aus Platzgründen zurückgab.

Magdalena stand jedoch unter Schock, die einzige Peron, die einen Schlüssel von Magdalenas Wohnung hatte, war Sr. Maria. Magdalena hatte ihn ihr zur Aufbewahrung gegeben, bevor sie auf den Jakobsweg ging. Magdalena wusste nun, diese Frau war sehr gefährlich!

Sr. Maria rief zu Unzeiten bei Magdalena an. Diese Gespräche waren für Magdalena so belastend, dass sie eine Woche Zeit zur Erholung brauchte. Da Sr. Maria eine sehr gefährliche Frau für Magdalena geworden war, bat sie ganz liebevoll, doch nur noch schriftlich Kontakt zueinander zu haben. Sr. Maria hielt sich nicht daran, doch Magdalena nahm einfach das Telefon nicht mehr ab.

Magdalena hatte keine 200 Franken zur Verfügung, um nochmals das Türschloss zu wechseln.

In ihrem großen Jakobsrucksack trug Magdalena nun alle ihre Unterlagen mit sich herum. In Magdalenas Wohnung wurde ständig mit dem Schlüssel eingebrochen. Und die, die dies taten, wollten, dass Magdalena dies auch sicher merkte. Magdalenas Wohnung wurde zu einem Selbstbedienungsladen. Und sogar die Stachelbeeren in ihrem kleinen Garten wurden geklaut.

Magdalena schützte einfach ihre Unterlagen. Ohne Krankenversicherung konnte Magdalena nicht zu ihrer Psychiaterin gehen, zu der sie inzwischen großes Vertrauen hatte. Und sie bekam keine Medikamente.

Magdalena hatte inzwischen bemerkt, dass Salome ihre Bankkarte mit einem Restvermögen von 2500 Franken und 200 Franken in bar gestohlen hatte. Deshalb hatte Magdalena nach ihrem Irrlauf durch Zürich kein Geld für eine Telefonkarte gehabt.

Äußerungen wie „Das war Rudi, der Küchenchef, gegen den hattest du sowieso keine Chance" oder „Dich bringe ich in die Psychiatrie" zeigten an, dass Salome eine sehr gefährliche junge Frau war.

Doch Magdalena ahnte, dass sie sich diese Frau wegen der noch fehlenden Unterlagen warmhalten musste. Magdalena spielte die liebevolle, treusorgende Mutter. Magdalena hatte einmal an der Schützenstraße und am Theater am Gleis in Winterthur einen Schauspielkurs belegt, was ihr nun sehr nützlich war.

Magdalenas Sozialarbeiter des Vertrauens und ein Sozialarbeiter einer Stiftung, die beeinträchtigten Menschen half, unterstützten Magdalena. Und endlich war es so weit. Nach zehn Monaten Kampf und 1683 Unterlagen bekam Magdalena am 08. 01. 2018 die Zusage der Zusatzleistungen.

Magdalena hatte noch im Oktober 2017 die Küchenmeisterprüfung wiederholt, jedoch nicht bestanden. Danach konnte Magdalena dann doch noch die 200 Franken aufbringen, um ihr Türschloss zu wechseln.

Im Januar 2018 war Magdalenas Flucht beendet!

Doch Magdalena wusste, sie hatte zu viel Schmerz in den letzten Jahren erlebt und diese mussten verarbeitet werden.

Magdalena machte sich einen Plan, wie sie das tun könnte. Erst einmal schieb sie sich auf. Sie brauchte dazu absolute Stille und musste nachdenken können. Magdalena löschte die gespeicherten Telefonnummern von Sr. Maria und ihren Kindern. Die Postadressen flogen in den Mülleimer und auch die Mailadressen wurden gelöscht.

Da merkte Magdalena, dass sie dies nicht alleine schaffen konnte und bat ihre Psychiaterin, zu der sie nun das absolute Vertrauen hatte, ihr zu helfen. Diese Bitte wurde Magdalena gewährt.

Magdalena arbeitete hart an sich, zu hart. Plötzlich strömten alle Bilder der Vergangenheit gleichzeitig auf Magdalena ein und Magdalena wollte nicht mehr leben. Sie legte sich in ihr Bett und sagte: „Bitte Herr, nimm mich mit Leib und Seele in den Himmel auf. Du kannst das, aber ich kann jetzt nicht mehr." Am 25.01.2018 hatte Magdalena ihren seelischen Tod erlebt.

Magdalena schloss die Augen und entspannte sich total, um auf ihren Tod zu warten, doch nichts geschah. Da brauchte Magdalena erst einmal eine Zigarette und da sie keine zu Hause hatte, ging sie zum Volg in ihrer Nähe, um sich welche zu kaufen. Plötzlich, auf dem Weg, überkam Magdalena eine große Wut. Doch Magdalena nahm sich zusammen, denn schließlich brauchte sie Zigaretten. Die Geschäftsführerin des Volgs bemerkte dies trotzdem. Sie nahm Magdalena an beiden Händen und sagte: „Du musst wieder einmal unter die Menschen gehen, du bist doch so eine schöne Frau."

Magdalena ging nach Hause und ihr Gehirn pulsierte, da bekam sie den Impuls: „Magdalena, das schaffst du nicht alleine. Du musst menschliche Hilfe annehmen." Magdalena rief bei der Notfallpolizei an und sagte, sie müsse in die Psychiatrie. Während Magdalena auf die Polizei wartete, packte sie ihren Rucksack.

Die Flucht der Magdalena

Als die Polizei kam, war sie sehr freundlich zu Magdalena und die sachliche und fachliche Weise, wie die Polizei nach einem geeigneten Psychiatrieplatz für Magdalena suchte, beruhigte Magdalena. Bevor Magdalena sehr würdevoll in das Polizeiauto begleitet wurde, kontrollierten die Beamten, ob Magdalena den Herd abgeschaltet hatte und alle Fenster geschlossen waren.

Magdalena plauderte ein wenig im fahrenden Auto mit der Polizei, bis sie nach Wülfingen kamen. Magdalena wusste nun, sie wurde in die Psychiatrie nach Embrach gebracht. Mit ihrem Teddybär im Arm schloss Magdalena kurz die Augen und entspannte sich.

In der Psychiatrie angekommen, befragte der zuständige Psychiater, unter Beisein eines Pflegers, Magdalena. Magdalena überkam wieder diese große Wut, doch sie blies all ihren Schmerz in den Kopf ihres Teddybären.

Nach dem Gespräch ging dieser etwas ältere Pfleger mit Magdalena zum Rauchen und sagte: „Ich bin Badänzer, mir dürfen sie vertrauen." Und Magdalena vertraute. Doch plötzlich versagte Magdalenas Gehirn, so wie bei der Polizei, als sie eine Anzeige gemacht hatte. Magdalena bekam große Panik. Doch der freundliche Pfleger nahm Magdalenas Kopf sanft an seine Brust, da sagte Magdalena zwei Worte, für die sie sich sehr schämte. Ruhig fragte der Pfleger: „Magdalena, wer hat das gesagt?", und Magdalena antwortete: „Augustinus", und war froh, dass dies nicht ihr eigener Wortschatz war.

Magdalena fand sich schlafend in einem Bett wieder, als jemand ihre linke Hand berührte, Magdalena erschrak furchtbar. Diesmal war es wieder der freundliche Psychiater, der sagte: „Ich bin's, ich messe nur Ihren Puls." Er umsorgte Magdalena rührend, bis diese wieder schlafen konnte.

Magdalena durfte erst einmal so richtig ausschlafen. Zwischendurch, in wachen Momenten, fragte sich Magdalena, ob es diesen Pfleger auch wirklich gab, oder hatte sie das alles nur geträumt? Schließlich ging Magdalena zum Stationszimmer und da stand er wirklich. Magdalena ging mit ausgestreckter Hand auf ihn zu, um sich für seine Fürsorge zu bedanken. Dieser Pfleger umfasste lachend Magdalenas Hüfte und Magdalena erwiderte die freundschaftliche Berührung. Von jetzt an war dieser Mann Magdalenas Vertrauensperson.

Doch merkte Magdalena, dass alle auf der AKE5 einer geschlossenen Station in Embrach sie sehr respektvoll und freundlich behandelten. Auch der Psychiater kümmerte sich sehr um Magdalena.

Magdalena rief noch ihre Psychiaterin des Vertrauens an, um zu erzählen, was geschehen war. Diese zeigte sich hörbar erfreut, dass Magdalena freiwillig in die Klinik gegangen war und fragte, ob die Psychiatrie eine Option sei, wenn sie wieder einmal wieder an schwierige Themen herangingen. Und Magdalena antwortet mit JA.

Durch die ganze Fürsorge des AKE5 konnte Magdalena, stabil nach zweieinhalb Wochen, die Klinik wieder verlassen.

Magdalena hatte nach der Flucht aus dem Kloster ihr Buch „Das Glück der Magdalena" noch am gleichen Tag zu ihrem Verlag geschickt und es wurde zur Veröffentlichung freigegeben, musste jedoch für ein Jahr überarbeitet werden. Und selbst dies durfte Magdalena in der Klink tun.

Als Magdalena nach Hause kam, musste sie erst einmal verarbeiten, welche Hilfe sie bekommen hatte, und Magdalena war erschüttert vor lauter Glück. Magdalena ging noch für die Krankensalbung zu Pfarrer Rolf Maria, und um erzählen zu können. Auch mit Magdalenas Psychiaterin konnte sich Magdalena austauschen.

Magdalena hatte vor drei Jahren angefangen, ein Kleid zu nähen. In der Dorfmitte an Magdalenas Wohnort hatte eine neue

Schneiderei aufgemacht. Unter großer Angst vor Ablehnung ging Magdalena zur Schneiderei, die auch einen Verkaufsladen hatte. Doch die sehr freundliche Schneiderin machte sofort unter einem guten Preis mit Magdalena einen Termin ab. Magdalena war sehr glücklich. Unter der Führung dieser besonders ruhigen Frau, die auch Krankenschwester gewesen war, konnte Magdalena ihr Kleid fertig nähen.

Magdalena legte sehr großen Wert auf ihr gepflegtes Erscheinungsbild, darum ging sie zum ganz kleinen Frisör in ihrem Dorf. Auch wieder unter der Angst vor Ablehnung. Doch auch hier wurde Magdalena sehr freundlich begrüßt und da diese Frisörin nur einen Kundenstuhl hatte, konnte sie sich, ohne Zuhörer, unterhalten. Die Frisörin, ebenfalls aus der Dorfmitte, brachte Magdalena sogar zum Lachen. Zur Raiffeisenbank durfte Magdalena auch gehen, wenn sie Hilfe brauchte, um ihre Einzahlungen zu machen. Jedes Mal wurde ihr geholfen.

Magdalena fuhr nach Fatima. Pfarrer Rolf Maria hatte Magdalena ein Hotel empfohlen, so hatte Magdalena keine Angst, eine Übernachtungsmöglichkeit zu finden. Und der Hotelbesitzer sprach auch noch deutsch.

Als sie mit dem Taxi im Hotel verspätet ankam, bekam sie erst einmal etwas zu essen, später ging Magdalena zu einer kleinen Prozession, auf dem Platz, wo die Mutter Gottes verehrt wurde. Auch wegen der heiligen Jacinda, die Magdalenas Schutzheilige war, kamen die Menschen. Alles war ruhig.

Am nächsten Tag waren schon mehr Menschen auf dem Platz und Magdalena reihte sich einfach in die Reihen ein, die sich gebildet hatte. Die eine Reihe führte zu Kerzen, die man kaufen konnte, und Magdalena kaufte sich eine richtig große Kerze. Die nächste Reihe, die sich gebildet hatte, führte zu einem großen Feuer. Magdalena sah, wie die Menschen die Kerzen in das Feuer warfen. Sie dachte, dies taten die Menschen, um einen Gebetswunsch ausdrücken zu können. Und Magdalena warf im hohen Bogen ihre Kerze in das Feuer.

Als Magdalena gerade den Gebetsplatz verlassen wollte, strömten unerwartet von allen Seiten Menschen auf den Platz des Gebetes. Ehe Magdalena sich versah, stand sie inmitten von 300000 Menschen, die alle schwiegen, und es gab keine Berührungen. Magdalena hatte so etwas noch nie erlebt. Es war der Tag der Heiligsprechung der heiligen Jacinda. Der 13. Mai 2018! Am nächsten Tag kamen wieder so viele Menschen schweigend auf den Platz und dies dauerte mehrere Stunden.

Am 15. Mai 2018 verabschiedete sich Magdalena von ihrer himmlischen Mutter und ihrer Schutzheiligen. Da durchzog ein tiefer Schmerz Magdalenas Seele.

Zu Hause angekommen, dachte Magdalena, sie habe einfach zu viel Spiritualität und schaute erst einmal fern. Etwas ganz Menschliches!

Doch der seelische Schmerz wurde immer größer, so dass Magdalena ihn nicht mehr ertragen konnte, und sie bat ihre Psychiaterin um Hilfe. Diese Bitte wurde Magdalena gewährt. Gemeinsam gingen sie dem Schmerz auf den Grund. Da merkte Magdalena, dass sie die Hilfe vom AKE5 brauchte, um sich zu erholen.

Mit Unterstützung ihrer Psychiaterin und dem Medikament Xamax konnte Magdalena selbstständig mit dem Zug nach Emprach fahren.

In Emprach angekommen, wurde Magdalena wieder sehr freundlich und respektvoll aufgenommen. Wie sich herausstellte, war der ältere fürsorgliche Pfleger der Stationsleiter gewesen, der nun in Rente gegangen war. Magdalena spürte jedoch sofort, dass alle Menschen wieder für sie da waren.

Da war die Pflegerin, die Magdalena kleine Aufgaben gab, damit es ihr auf der Station nicht langweilig wurde. Diese Pflegerin hatte einen Fisch mit Kussmund auf den inneren, linken Unterarm tätowiert. Dieses Tattoo konnte sich Magdalena besser merken als deren Namen. Die etwas rundere Pflegerin brachte an Magdalenas Bett eine Glocke, so konnte sie einen Pfleger rufen, wenn sie wieder Alpträume hatte. Der jungen Serbin mit den schönen braunen Augen durfte Magdalena von ihrem Aufenthalt in Albanien erzählen. Und so waren alle für Magdalena da. Und Magdalena ging, mit Einverständnis der Ärzte, stabil nach Hause.

Magdalena arbeitete weiterhin stark an sich und es ging ihr immer schlechter. Da beschloss Magdalena, nach Medjugore zu fliegen.

Die nette Bahnbeamtin, die in Magdalenas Dorf auch das Reisebüro führte, buchte für Magdalena perfekt diese Reise. Von Magdalenas Psychiaterin bekam Magdalena genug Medikamente mit und einen Gesundheitsausweis. Und Magdalena flog.

In Split angekommen, wartete schon ein Taxi auf Magdalena, das sie nach Medjugore fuhr. Im Hotel um drei Uhr nachts angekommen, brachte der nette Hotelbesitzer, der auch deutsch sprach, Magdalena erst einmal ein Bier.

Am 05. 09. 2018 ging Magdalena durch diesen Pilgerort. Sie wollte für die nette Bahnbeamtin ein Geschenk kaufen, weil sie für Magdalena so viel Arbeit auf sich genommen hatte. Natürlich brauchte Magdalena die Mutter Gottes für sich.

Magdalena war vor zehn Jahren schon einmal hier gewesen, darum kannte sie sich gut aus. Der weinende Christus, der Kreuzweg und der große Platz, an dem viele Menschen beichteten.

Am nächsten Tag lief Magdalena den Kreuzberg hoch. Ein wirklich beschwerlicher Weg, doch Magdalena schaffte es. Oben angekommen, hatte Magdalena nur einen Gebetswunsch! Nach einem Vaterunser machte sie sich konzentriert auf den Rückweg. Magdalena besuchte auch noch den Erscheinungsberg, bevor sie am 12.09.2018 zurück nach Hause flog.

Zu Hause angekommen, stellte Magdalenas Psychiaterin eine neue Diagnose, die mit Magdalenas Erinnerungen zu tun hatte. Sie bekam zusätzlich zu den anderen Medikamenten das Medikament Orfril Long, dessen Wirkung Magdalena sofort spürte. Doch trotzdem wollte sie nach Embrach zu ihrer Station des Vertrauens.

In Embrach wurde Magdalena freundlich wie eine alte Bekannte aufgenommen. Wieder kümmerten sich alle um Magdalena. Dem Pfleger mit dem Tattoo einer wunderschönen Teufelin auf dem linken Oberarm konnte Magdalena von ihrem Exmann Judas erzählen und der Frau mit den gelockten, roten Haaren von der Beerdigung ihrer Mutter. Natürlich bekam Magdalena wie immer ihre Therapien. Und alles zusammen wirkte auf Magdalena so ein, dass sie nach zwei Wochen wieder stabil wurde.

Nach jedem Klinikaufenthalt durfte Magdalena wegen der Krankensalbung zu Pfarrer Rolf Maria.

Magdalena nähte zwischen den Klinikaufenthalten drei Kleider und einen Gebetsschal, zusammen mit der speziell ruhigen Schneiderin. Sie stellte ihr Buch „Das Glück der Magdalena" fertig. Und sie hatte sogar zwei Pilgerreisen gemacht.

Nach einer Weile intensiver Arbeit an sich selber ging es Magdalena wieder sehr schlecht. Außerdem hatte sie während des ganzen Jahres 2018 zu viel Bier getrunken.

Magdalena ging freiwillig nach Rheinau in die geschlossene Abteilung. Wie vor zwei Jahren wurde Magdalena wieder freundlich und mit Respekt behandelt. Sie besuchte die Bewegungstherapie, in der sie mit ganzem Herzen tanzen durfte. Bildhauen, wo man Magdalenas Arbeit von vor zwei Jahren aufgehoben hatte, und an der sie nun einfach weiter arbeiten konnte.

Doch das Wichtigste war die Medikamenten-Umstellung. Der Unterarzt kümmerte sich rührend um Magdalena, als diese auch noch körperlich krank wurde.

Die Fürsorge durch Pfarrer Rolf Maria und der evangelischen Pfarrerin berührten Magdalena sehr. Und nach fünfeinhalb Wochen konnte Magdalena wieder nach Hause, gut eingestellt mit den Medikamenten Orfiril Long, Lamictal und Invega retard.

Magdalena fühlte sich ganzheitlich befreit!

Zu Hause angekommen, las Magdalena ihre beiden Bücher, die zwar erschienen waren, jedoch von Magdalena kaum gelesen werden konnten. Doch diesmal las Magdalena ihre Bücher ganz sachlich.

Eines Tages fuhr Magdalena mit dem Zug nach Winterthur und lief anschließend nach Veltheim. In der Nähe der kleinen Bibliothek befand sich Gordulas, Magdalenas ehemalige beste Freundin, Haus. Und Magdalena empfand keinen Schmerz mehr. Danach lief Magdalena bei Regen und Schnee nach Oberwinterthur in Richtung Eulachpark, an Judas', Magdalenas Exmann, Villa vorbei. Auch hier spürte Magdalena keinen Schmerz mehr.

Nur bei dem Restaurant mit dem Namen eines großen Vogels pulsierte Magdalenas Gehirn.

Magdalena malte schöne Bilder, um die guten Dinge in ihrem Leben verarbeiten zu können und um ihr kognitives Gehirn zu schulen. Sie wollte nämlich ihr drittes Buch schreiben. Die Bilder durfte Magdalena zur Sicherheit bei ihrer Psychiaterin aufbewahren.

Es wurde Ostern 2019: Magdalena blieb zu Hause und feierte für sich die Kreuzanbetung, so lange sie wollte. Am Karsamstag zündete Magdalena an einem Grillplatz im Wald ein Osterfeuer an. Magdalena dachte an all die Menschen, die sie durch das schwere Jahr 2018 begleitet hatten. Am meisten war Magdalena ihrer Psychiaterin sehr dankbar. Am Ostersonntag entzündete Magdalena eine Osterkerze. Und zusammen mit Jesus feierte Magdalena ihre eigene Auferstehung.

Magdalena schrieb ihr drittes Buch!

Magdalenas Psychiaterin hatte ihr Versprechen, Magdalena zu helfen, gehalten, Pfarrer Rolf Maria blieb der wichtigste Mann in Magdalenas Leben. In ihrem Dorf fühlte sich Magdalena inzwischen angenommen und beschützt. Und da Magdalena nicht die Frau von dem Mann sein durfte, den sie so liebte, entschied sie sich weiterhin für ein Leben als Autorin in völliger Einsamkeit.

Die Autorin

Christine Gisin-Buhlinger, 1968 in Bruchsal geboren, hat sich jahrelang als Ehefrau und Mutter dreier Kinder sowie als gelernte Köchin im sozialen Bereich um ihre Mitmenschen gekümmert. Heute lebt sie in der Schweiz und hat sich bewusst für ein Leben in völliger Einsamkeit entschieden, um sich ganz dem Schreiben widmen zu können.

Der Verlag

> *Wer aufhört*
> *besser zu werden,*
> *hat aufgehört*
> *gut zu sein!*

Basierend auf diesem Motto ist es dem novum Verlag ein Anliegen neue Manuskripte aufzuspüren, zu veröffentlichen und deren Autoren langfristig zu fördern. Mittlerweile gilt der 1997 gegründete und mehrfach prämierte Verlag als Spezialist für Neuautoren in Deutschland, Österreich und der Schweiz.

Für jedes neue Manuskript wird innerhalb weniger Wochen eine kostenfreie, unverbindliche Lektorats-Prüfung erstellt.

Weitere Informationen zum Verlag und seinen Büchern finden Sie im Internet unter:

w w w . n o v u m v e r l a g . c o m

Christine Gisin-Buhlinger

Der Kampf der Magdalena

ISBN 978-3-99038-655-2
116 Seiten

Magdalena erlebt an der Seite von Menschen sehr viel Böses, trotzdem oder vielleicht gerade deswegen hält sie an ihrer Liebe zu Gott fest. Und heute denkt sie: Was sollen mir Menschen noch antun? Das Buch beschreibt, wie schwer es ist, in unserer heutigen Zeit zu seinem Glauben zu stehen.

Christine Gisin-Buhlinger
Das Glück der Magdalena

ISBN 978-3-99064-212-2
56 Seiten

Magdalena kann einfach nicht mehr und begibt sich auf den Jakobsweg. Schreckliche Bilder verblassen und ihr Körper gesundet. Auf diesem Weg hat sich auch ihre Beziehung zu Gott Vater, Jesus und Maria vertieft, was sie sehr glücklich macht.